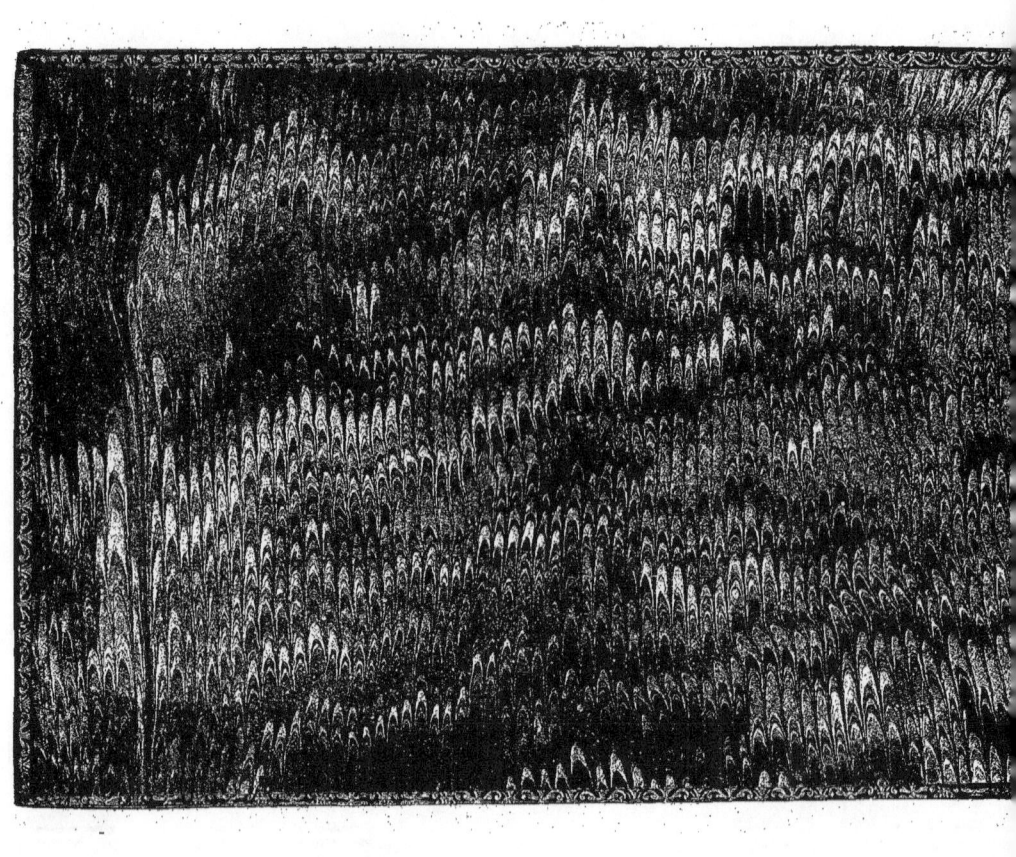

√ Réserve

Jno. 3112

NOUVELLE METHODE
TRES-SEURE ET TRES-FACILE
POUR APPRENDRE PARFAITEMENT
LE PLEIN CHANT
EN FORT PEU DE TEMPS.
SECONDE EDITION.

A PARIS,
Chez Guillaume Desprez, ruë Saint Jacques, à Saint Prosper,
& aux trois Vertus.

M. DC. LXXXIII.
AVEC PRIVILEGE DV ROY.

NOUVELLE METHODE
tres-sûre & tres-facile pour apprendre parfaitement
le Plein chant en fort peu de temps.

LE chant tenant un rang considerable entre les fonctions ecclesiastiques, & pouvant notablement contribuer à l'édification des fidelles, l'Eglise a toûjours fait beaucoup d'estat de tout ce qui pouvoit servir à le regler, ou à le faciliter. C'est pourquoy comme l'on a trouvé depuis quelque temps une methode courte & facile, par le moyen de laquelle on évite toutes les difficultez de la Gamme & des muances; on a crû qu'en donnant aux Ecclesiastiques les divers Tons des Chants de l'Eglise, on devoit aussi leur donner cette maniere d'apprendre le

A ij

Plein chant ; puis qu'elle peut épargner beaucoup de temps & de peine à ceux qui ne l'ont pas encore appris ; & que sa simplicité & sa facilité, fera que ceux qui s'en voudront servir, possederont plus seurement & plus parfaitement la science du Plein chant, que ceux qui l'apprendront par les détours & les embarras de la maniere ancienne.

DE LA SCIENCE DV PLEIN CHANT.

LA science du Plein chant ne confifte qu'en trois points.
Le premier, à fçavoir connoiftre les notes.
Le fecond, à les fçavoir entonner.
Et le troifiéme, à fçavoir joindre au ton des notes les paroles qui doivent eftre chantées, qui eft ce qu'on appelle ordinairement chanter la lettre.

DE LA CONNOISSANCE DES NOTES.

IL y a fept notes, qui font, *ut*, *re*, *mi*, *fa*, *fol*, *la*, *fi*.
Ce n'eft point par la difference des caracteres, que l'on diftingue les notes les unes des autres; mais par la differente fituation où elles peuvent eftre pofées fur une bande de quatre lignes.

On n'en met que quatre dans le Plein chant, parce que cela suffit pour l'estenduës des chants dont on se sert communément dans l'Eglise.

On en met cinq dans les pieces de Musique, parce que pour l'ordinaire on leur donne plus d'étenduë. Les espaces qui sont entre les lignes se content aussi bien que les lignes mêmes; en sorte que quand vous allez d'une ligne à l'espace qui est au dessus, vous montez d'une note : comme quand vous allez d'une ligne à l'espace qui est au dessous, vous descendez d'une note. Autant en faut-il dire quand on va de l'espace à la ligne, que quand on va de la ligne à l'espace.

Avec ces sept notes on peut monter ou descendre à l'infiny, en les repetant lors qu'on est arrivé à la derniere, de la même maniere qu'on peut compter les jours à l'infiny, en avançant ou en retrogradant, avec les noms des sept jours de la semaine.

POUR APPRENDRE LE PLEIN CHANT.

ut	Dimanche.
si	Samedy.
la	Vendredy.
sol	Ieudy.
fa	Mécredy.
mi	Mardy.
re	Lundy.
ut	Dimanche.
si	Samedy.
la	Vendredy.
sol	Ieudy.
fa	Mécredy.
mi	Mardy.
re	Lundy.
ut	Dimanche.
si	Samedy.
la	Vendredy.
sol	Ieudy.
fa	Mécredy.
mi	Mardy.
re	Lundy.
ut	Dimanche.

Cét exemple fait entendre la chose parfaitement sans l'expliquer davantage.

Il faut donc sçavoir par cœur l'ordre & la suite des notes, comme on sçait l'ordre & la suite des jours de la semaine, & sçavoir cela en montant & en descendant.

Cét ordre fait qu'on les connoît toutes dés qu'on en connoît une. Car de la même maniere que si je sçay qu'il est aujourd'huy dimanche, je sçay aussi qu'il sera demain lundy, & qu'il estoit hier samedy, &c.

De mesme, si je sçay que la note qui est sur la ligne d'enhaut, par exemple, est un *ut*, je sçay aussi que celle qui se trouvera immédiatement au dessus est un *re*, & celle qui se trouveroit immédiatement au dessous est un *si*, &c.

A iiij

Il ne s'agit donc plus que d'assigner la place d'une seule note, puisque par là celles de toutes les autres sont determinées, & c'est ce qui se fait par le moyen de ce que l'on appelle les clefs.

Ces clefs sont de certaines figures qui vous marquent qu'il faut prendre une certaine note sur la ligne sur laquelle elles sont posées ; & qui par consequent vous font connoître toutes les autres comme nous avons dit.

Il n'y a que deux clefs, dont on se serve dans le Plein chant. La premiere est faite en cette maniere ⎯ & s'appelle la clef de *sol*, *ut*.

La seconde est faite en cette maniere ⎯ & s'appelle la clef d'*ut fa*.

Le seul nom des clefs vous conduit, & vous marque quelle note il faut prendre, sur la ligne où la clef se trouve posée. Et il n'y a qu'à se souvenir, que la premiere note du nom de cha-

POUR APPRENDRE LE PLEIN CHANT.

que clef, est celle que l'on y doit prendre lors qu'on chante par ♭ *mol*; & la seconde, celle que l'on y doit prendre par ♮ *quarre*.

Ainsi sur quelque ligne que se trouve la clef de *sol-ut*, il y faut toûjours prendre *sol* par ♭ *mol*, & *ut* par ♮ *quarre*.

Et sur quelque ligne que se trouve la clef d'*ut-fa*, il y faut toûjours prendre *ut* par ♭ *mol*. & *fa* par ♮ *quarre*.

Il ne faut point s'embarasser de ces mots de ♭ *mol* & de ♮ *quarre*, & il suffit de sçavoir que l'on chante par ♭ *mol* lors que cette figure ♭ se rencontre au commencement de chaque bande de l'Antienne ou du Répons *&c*. en cette maniere,

Et que l'on chante par ♮ *quarre*. lorsque cette figure ♭ ne se rencontre point au commencement de chaque bande.

Voicy des exemples qui feront entendre parfaitement

tout ce qui vient d'eftre dit.

Voila la clef de *fol-ut* fur la feconde ligne : c'eft par ♭ *mol* ; donc s'il y avoit une note fur cette feconde ligne, ce feroit un *fol* ; Si c'eftoit par ♮ *quarre*, ce feroit un *ut*.

Voila la clef d'*ut-fa* fur la feconde ligne : c'eft par ♭ *mol* ; donc s'il y avoit une note fur cette feconde ligne, ce feroit un *ut* ; Si c'eftoit par ♮ *quarre*, ce feroit un *fa*.

Si donc la note qui fe trouvera fur cette feconde ligne où la clef eft pofée, & qui eft marquée *h*, eft un *ut*, quelle fera la note qui fe trouvera dans l'efpace marqué *i* ? voyons. Qu'eft-ce qui fuit *ut* en defcendant felon l'ordre des notes ? c'eft *fi*, ce fera donc un *fi* ; celle qui fe trouvera fur la ligne marquée *k* un *la*, & ainfi du refte.

Il faut raisonner de mesme en montant comme en descendant, contant toûjours les espaces aussi bien que les lignes, avec cela on ne sçauroit se tromper.

VOila ce qui regarde la connoissance des notes : Et comme c'est le fondement de tout le reste; ce doit estre aussi le premier soin de ceux qui apprendront le Plein chant, que de bien comprendre ces regles, & de les bien retenir.

Et pour s'en rendre l'usage familier, il est bon qu'ils s'y exercent en cette maniere. Ayez devant vous une bande de quatre lignes; mettez-y une clef, qui sera tantost l'une, tantost l'autre; tantost sur la premiere, & tantost sur la seconde ligne; quelquefois par ♭ mol, & quelquefois par ♮ quarre, afin de vous accoûtumer de toutes les manieres.

Le clef estant posée, parcourez toutes les lignes, & tous les espaces, en montant & en descendant; les touchant avec une aiguille, ou avec la pointe d'une plume pour mieux arrester l'imagination ; & à chaque ligne ou espace que vous toucherez, nommez la note qui y convient, selon la position de la clef.

Lors que vous serez en estat de faire cela avec facilité, en allant tout de suite; faites-le en sautant de ligne à ligne, & d'espace à espace ; jusques à ce qu'enfin vous soyez au point, qu'en vous marquant quelque ligne, ou quelque espace que ce soit, dans toutes sortes de positions de clefs, vous puissiez dire sur le champ, qu'elle est la note qui luy est propre.

Quelques uns regardent cela comme un travail inutile ; & s'imaginent qu'on apprend assez à connoître les notes, lors qu'on apprend à les entonner ; & de là vient la peine qu'on y a d'ordinaire : car l'esprit estant occupé en mesme temps du soin de connoître la note, & d'en chercher le ton, se confond & s'embroüille.

POUR APPRENDRE LE PLEIN CHANT.

Au lieu qu'estant une fois asseuré de la connoissance des notes, & n'ayant plus à penser qu'au ton, il le remarque, & le retient fort aisément.

DE L'ENTONNEMENT DES NOTES.

AVant que d'essayer à entonner les notes sur des livres de Plein chant ; il faut s'accoûtumer à les entonner par cœur en diverses manieres.

Premierement, tout de suite ; en montant, & en descendant; en sorte qu'on aille toûjours jusques à l'octave, c'est à dire d'*ut* à *ut*, ou de *re* à *re* &c. car cela s'appelle une octave, comme dans l'ordre des jours de la semaine, l'octave du Dimanche va au Dimanche, celle du Jeudy au Jeudy &c.

Il faut donc premierement apprendre à entonner toute sorte d'octaves; soit en montant, soit en descendant, c'est à dire d'*ut* à *ut*, de *re* à *re*, de *mi* à *mi* &c. cela s'appelle entonner les degrez conjoints.

Nouvelle Methode

—ut La diſtance d'une note à une autre, eſt d'un ton, ou
—ſi d'un demy ton: Celle du *mi* au *fa*, & du *ſi* à l'*ut*, ſont
—la de demy ton: toutes les autres ſont d'un ton entier.
—ſol
—fa   Il n'y a qu'une ſeule exception à cette regle dans le
—mi Plein-chant; qui eſt que l'on rapproche quelquesfois le *ſi*
—re du *la*, en ſorte qu'il n'y a plus que demy ton du *la* au *ſi*,
—ut & un ton entier du *ſi* à l'*ut*, en cette maniere.

Quand il faut entonner de cette ſorte, on le connoiſt —ut
par cette figure ♭ qui ſe trouve auprés de la note *ſi*. Cela —ſi
ſe rencontre dans les pieces qui ſe chantent par ♭ *mol*, —la
auſſi bien que dans les autres: & ce ♭ *mol* que l'on met ainſi extraordinairement, s'appelle ♭ *mol* accidentel.

L'uſage de ce ♭ *mol* accidentel, qui eſt aſſez ordinaire, fait
que l'on eſt obligé en apprenant l'entonnement des notes, de
s'accoûtumer à entonner les trois notes *ut*, *ſi*, *la*, en montant

POUR APPRENDRE LE PLEIN CHANT.

& en descendant, selon les deux manieres dont elles peuvent estre disposées, & qui sont marquées icy.

Premiere Maniere Naturelle.	Seconde Maniere Par le moyen du ♭ *mol* accidentel.
———————— ut	———————— ut
———————— si	———————— si
———————— la	———————— la

C'est avec raison, qu'on a choisi cette figure ♭ plûtost que toute autre; pour avertir d'entonner le *si* de cette seconde maniere: parce que cét entonnement, lors qu'on chante par ♮ *quarre*, fait passer le chant en ♭ *mol*, en ostant la difference, qui est entre l'un & l'autre.

Elle ne consiste que dans une differente situation du demy ton; non pas à l'égard des notes en elles même, car elles gardent toû-

16   Nouvelle Methode

jours entr'elles leur même difpofition; en forte que la diftance du *mi* au *fa* & du *fi* à l'*ut*, eft toûjours de demy ton; & celle d'entre toutes les autres notes d'un ton entier, auffi bien par ♭ *mol* que par ♮ *quarre* : mais ce demy ton fe trouve dans un autre endroit de la bande à quatre lignes par ♭ *mol* ; & dans un autre par ♮ *quarre*. Ainfi dans cét exemple, la clef marquant *ut* par ♮ *quarre*, ces quatre notes font *fol*, *la*, *fi*, *ut*, & par confequent le demy ton fe trouve de l'efpace *n*, à la ligne *o*. Mais dans cét autre exemple, la même clef marquant un *fol* par ♭ *mol* ces quatre notes font *re*, *mi*, *fa*, *fol*, & par confequent le demy ton fe trouve de la ligne *m* à l'efpace *n*. Cela eft tres aifé

POUR APPRENDRE LE PLEIN CHANT.

tres aisé à comprendre, à ceux qui auront bien retenu quelles sont les notes qui sont distantes entr'elles d'un ton, ou d'un demy ton.

Ce qui vient d'estre dit qu'il y a toûjours un demy ton du *si* à l'*ut* aussi bien par ♭ *mol* que par ♮ *quarre*, se doit entendre hors le cas du ♭ *mol* accidentel; qui met toûjours un ton entier entre ces deux notes, aussi bien dans les pieces qui se chantent par ♭ *mol*, que dans celles qui se chantent par ♮ *quarre*, comme il a esté remarqué.

Quand on sçait entonner les dégrez conjoints, il ne reste plus qu'à entonner les intervales; & cela est aisé à apprendre sur les exemples suivans, qui contiennent tous les intervales qui peuvent entrer dans le Plein chant; en sorte que celuy qui les sçait parfaitement, & qui y est exercé, peut dire qu'il sçait le Plein chant.

Les intervales où l'on laisse une note entre deux, comme

d'*ut* à *mi*, s'appellent des tierces. Si on en laiſſe deux, ce ſont des quartes. Si trois, ce ſont des quintes. Si quatre, ce ſont des ſixiémes. Enfin, ſi on laiſſe ſix, c'eſt à dire, ſi l'on ſaute d'*ut* à *ut*, de *re* à *re* &c. ce ſont des octaves comme nous avons dit. On n'entonne point de ſeptiéme dans le Plein chant.

Quand on va de *fa* à *ſi* en montant ou en deſcendant, il y a toûjours un ♯ au *ſi*; & quand il n'y en auroit pas, il faut toûjours entonner comme s'il y en avoit un; afin que ſi l'on entonne cét intervale en montant, on faſſe une quarte juſte, c'eſt à dire qui ait ſes deux tons & demy. Et que ſi on l'entonne en deſcendant, on faſſe une quinte juſte; c'eſt à dire de trois tons & demy.

Mais que cela n'embaraſſe perſonne, car on le fait naturellement, & il faudroit ſe forcer pour ne le pas faire.

POUR APPRENDRE LE PLEIN CHANT.

POUR APPRENDRE LE PLEIN CHANT. 21

MI

mi fa sol mi sol   mi fa sol la mi la   mi fa sol la si mi si

mi fa sol la si ut mi ut   mi fa sol la si ut re mi mi mi

mi re ut mi ut   mi re ut si mi si   mi re ut si la mi la

mi re ut si la sol mi sol   mi re ut si la sol fa mi mi mi.

B iij

22   Nouvelle Methode

FA

fa sol la fa la   fa sol la si ut fa ut   fa sol la si ut re fa re

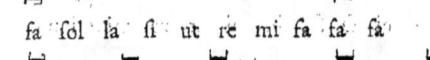

fa sol la si ut re mi fa fa fa

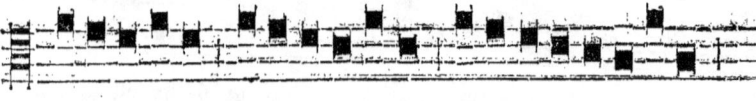

fa mi re fa re   fa mi re ut fa ut   fa mi re ut si la fa la

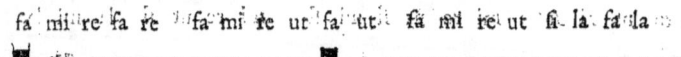

fa mi re ut si la sol fa fa fa

POUR APPRENDRE LE PLEIN CHANT. 23

SOL

sol la si sol si   sol la si ut sol ut   sol la si ut re sol re

sol la si ut re mi sol mi   sol la si ut re mi fa sol sol sol

sol fa mi sol mi   sol fa mi re sol re   sol fa mi re ut sol ut

sol fa mi re ut si sol si   sol fa mi re ut si la sol sol sol

B iiij

24 NOUVELLE METHODE

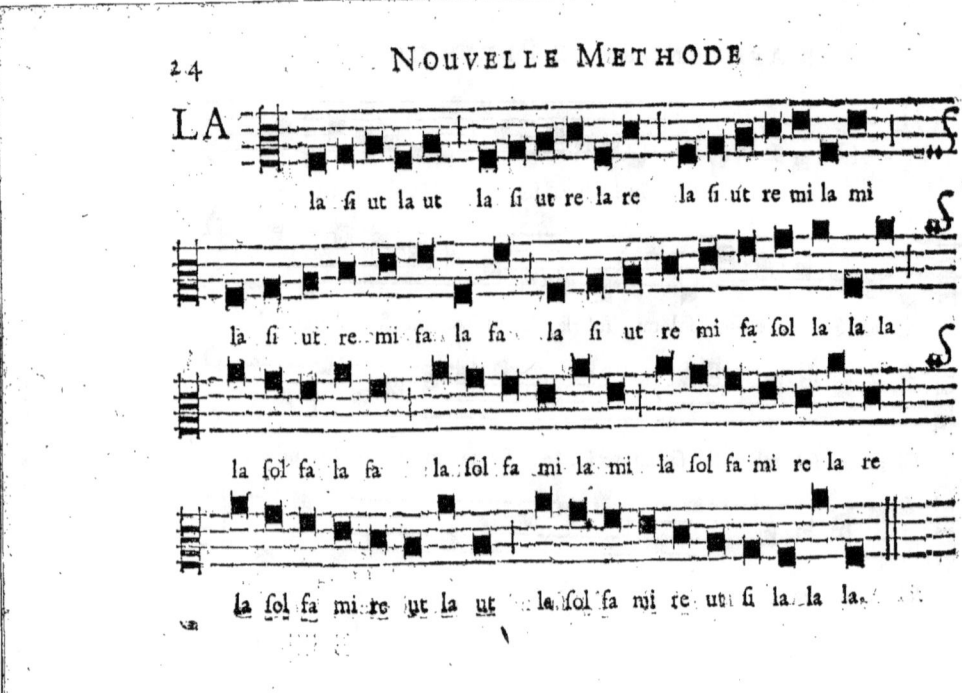

POUR APPRENDRE LE PLEIN CHANT. 25

SI

fi ut re fi re   fi ut re mi fi mi   fi ut re mi fa fol fi fol

fi ut re mi fa fol la fi fi fi.

fi la fol fi fol   fi la fol fa mi fi mi   fi la fol fa mi re fi re

fi la fol fa mi re ut fi fi fi.

26 NOUVELLE METHODE

Voila tous les intervalles dont on se peut servir dans le Plein chant, à la reserve de ceux où se rencontre le *si* avec le ♭ mol accidentel, nous les allons marquer afin que rien ne soit obmis.

re si la fa si la fa si la sol si la.

re si la la si sol la si fa la si re

Ceux qui étudieront les Intervales cy dessus, doivent prendre garde de ne se pas trop presser; & d'apprendre parfaitement ceux de la premiere Octave qui commence par ut, avant que de passer à ceux de la seconde qui commence par re. Qu'ils se contentent à chaque fois qu'ils étudieront, de chanter les Intervales d'une seule Octave, au moins dans les commencemens. Et quand ils seront assez forts pour chanter tout de suite ceux de plusieurs Octaves; qu'ils prennent garde en commençant par la premiere, de prendre l'ut assez bas, pour pouvoir, lors qu'ils passeront à la seconde, prendre le re au même ton qu'ils le prenoient dans la premiere Octave; & pour pouvoir tout de même prendre le mi & le fa, lors qu'ils passeront à la troisiéme & quatriéme, au même ton où ils chantoient l'un & l'autre dans la premiere.

Mais qu'ils ne chantent jamais que les Intervales de ces quatre premieres Octaves, pour le plus, à une mesme reprise; & qu'ils remettent à une autre fois, à chanter ceux des trois dernieres: Car ils ne sçauroient les chanter tout de suite en gardant toûjours le ton qu'ils auroient donné dans la premiere Octave, à chacune des notes par où les autres commencent. La voix n'a pas assez d'étenduë pour cela. Or de changer ce premier ton pendant qu'on l'a encore dans la teste ; cela broüille l'imagination de ceux qui étudient, & leur fait perdre tout le fruit de leur travail. Il y a encore d'autres raisons pour cela qu'il seroit superflu de dire icy.

DE LA MANIERE DE JOINDRE LA LETTRE
aux tons des Notes.

IL n'y a aucune regle à observer pour cela, si ce n'est de commencer par des chants où il n'y ait qu'une note pour chaque syllabe, & de venir en suite à ceux où il y a plusieurs notes liées sur une mesme syllabe; tout le reste dépend de l'habitude.

Il faut sçavoir que lors qu'il y a des notes qui vont sur plusieurs lignes ou espaces; on ne doit conter que les deux extrémitez ; Par exemple, cette note qui touche par en haut la place de l'*ut*, & par en bas celle du *fa*, se doit chanter comme s'il y avoit deux notes liées *ut-fa* en cette maniere.

Les longues & les bréves se connoissent par la figure. Les bréves sont rondes ou en lozanges. Les longues sont quarrées, & les plus longues, outre qu'elles sont quarrées, ont encore des queuës qui vont en haut ou en bas. Mais on doit plûtost avoir égard en chantant aux regles de la Quantité qu'aux notes longues & bréves, parce que tous les livres sont pleins de fautes, & qu'il y a la plufpart du temps des notes bréves sur des syllabes longues, & des notes longues sur des syllabes bréves.

Voila tout ce qu'il est necessaire de sçavoir pour apprendre le Plein chant. Qu'on étudie bien ces regles, & qu'on les comprenne bien avant toutes choses; c'est un travail de deux jours tout au plus pour ceux qui ont le moins d'ouverture à ces choses là. En suite qu'on s'habituë à connoistre bien les notes, & aprés à les entonner de la maniere que nous avons dit, sans se presser, & sans entreprendre une chose avant que d'estre parfaitement asseuré de celle qu'on doit apprendre la premiere, & l'on verra qu'il n'y rien de si aisé que d'apprendre le Plein chant par cette Methode.

Il est bon que les Ecclesiastiques sçachent par cœur les huit tons des Pseaumes, avec les differentes manieres de les finir, & qu'ils apprennent à connoître par la fin de l'Antienne, de quel ton est le Pseaume qui la suit.

L'habitude donne cela, & on le trouve marqué sur les livres, non seulement par les notes de Plein chant, mais encore par les chiffres 1. 2. 3. 4. 5. 6. 7. 8. qui signifient 1. ton, 2. ton &c.

AVERTISSEMENT.

Es Ecclesiastiques qui apprendront le Plein chant par cette Methode, doivent s'asseurer qu'elle est aussi seure que simple & facile. Ceux qui entendent ces choses-là à fond, n'ont pas besoin d'experience pour en estre convaincus. Neantmoins l'asseurance qu'on en donne n'est pas fondée sur une simple demonstration speculative ; mais elle est appuyée sur plusieurs experiences qui ont réüssi aussi parfaitement qu'on le pouvoit souhaiter.

Mais comme cette Methode n'est pas encore fort commune; & que la plufpart croyent qu'il n'y a de bon chemin que celuy qu'ils sçavent ; il est sans doute que ceux qui ont appris le Plein chant par la gamme & les muances, ne manqueront pas de faire mille difficultez mal fondées à ceux qui se voudront servir de cette maniere icy, sous pretexte qu'ils ne se rencontreroient pas avec eux à nommer les nottes de la même sorte.

Il ne se faut point mettre en peine de leur répondre : mais lors qu'on commencera à estre asseuré, qu'on ouvre un livre de Plein chant ; que les uns & les autres chantent : Et si ceux qui ont appris par la gamme chantent bien, on verra que les autres s'accorderont parfaitement avec eux.

Il ne faut point non plus écouter ceux qui se servant du *si*, croyent qu'il est mieux & plus simple de prendre toûjours *ut*, sur cette clef ; & toûjours *fa* sur celle-cy ; aussi bien par ♭ *mol* que par ♮ *quarre* : parce qu'en pensant abreger, ils tombent

POUR APPRENDRE LE PLEIN CHANT.   33
bent dans de tres grands inconveniens.

Car il faut remarquer que ce qui oblige de changer ainsi le nom des notes, ou plûtoſt de les placer autrement par ♭ *mol* que par ♮ *quarre*, c'eſt pour ne point forcer la maniere ordinaire d'entonner, & pour laiſſer les tons & les demy tons entre les meſmes notes où ils ont accoûtumé d'eſtre placez.

Ainſi, comme dans cette quarte chantée par ♮ *quarre*, le demy ton ſe trouve de la 3ᵉ note en montant à la 4ᵉ, & que dans la meſme quarte chantée par ♭ *mol*, il doit eſtre de la 2ᵉ à la 3ᵉ; il ne faut plus dire *ſol*, *la*, *ſi*, *ut*, comme l'on faiſoit par ♮ *quarre* : & il faut trouver une ſuite de quatre notes, où le demy ton ſoit naturellement entre la 2ᵉ & la 3ᵉ. Or cela ſe trouve entre les quatre notes *re*, *mi*, *fa*, *ſol*; nous dirons donc *re*, *mi*, *fa*, *ſol* : & ainſi nous prendrons *ſol* au meſme endroit où nous prenions *ut*, lors que nous chantions par ♮ *quarre*.

Mais quoy, disent ils, ne ferons nous pas trouver tout de mesme, le demy ton entre la 2ᵉ & la 3ᵉ note, quoy que nous disions toûjours *sol*, *la*, *si*, *ut*; pourveu que nous entonnions ce *si*, comme on l'entonne: lors que chantant par ♮ *quarre*, on y ajoûte le ♭ *mol* accidentel?

Il est vray, mais c'est oster sans necessité le demy ton de sa place naturelle. Et d'ailleurs il faut pour se souvenir de l'entonner ainsi, un effort & une application continuelle. Car l'experience fait voir que comme cette figure ♭ qui est la marque qu'on a accoûtumé de trouver auprés de la note *si*, pour avertir de l'entonner de cette sorte, ne se voit point auprés de celle qu'il leur plaist d'appeller de ce nom là, on l'oublie pour l'ordinaire, & l'on se trouve ainsi à demy ton prés des autres avec qui

POUR APPRENDRE LE PLEIN CHANT.

l'on chante, au lieu qu'en nommant les notes comme nous avons dit, cela se fait naturellement & sans qu'on y puisse manquer.

Mais ce qui est bien plus considerable, & à quoy l'attention ny la memoire ne sçauroient suppléer; c'est que lors que ceux qui nomment les notes par ♭ *mol* comme par ♮ *quarre*, trouvent un ♭ *mol* accidentel dans quelques pieces notées par ♭ *mol*, ils le trouvent sur la note qu'ils sont obligez d'appeller *mi*. Et ainsi voila tous leurs tons & leurs demy tons déplacez, & ils ne sçavent plus où ils en sont. Et si cela ne les démonte pas entierement, le mieux qu'il leur puisse arriver, c'est d'entonner ce *mi*, comme si le ♭ *mol* accidentel n'y estoit point; & par consequent d'estre encore à demy ton prés des autres; de faire un triton au lieu d'une quarte juste, s'il faut monter à ce *mi* de la notte qu'il leur plaist d'appeller *si*, & une fausse quin-

NOUVELLE METHODE

te au lieu d'une quinte juste, lors qu'ils y descendront de la mesme note.

Voicy un exemple qui fera parfaitement entendre ce qui vient d'estre dit.

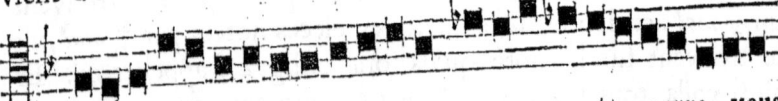

Si vous nommez icy les notes comme par ♮ *quarre*, vous voyez premierement, que comme il ne paroist point de ♭ *mol* auprés de la 7ᵉ note que vous appellez un *si*, vous courez risque de l'oublier & d'entonner comme vous feriez par ♮ *quarre* : & si vous vous en souvenez pour la premiere fois, vous l'oublierez la seconde ou la troisiéme.

Mais comment direz vous quand il faudra aller de la 13ᵉ note à la 14ᵉ: car cette 14ᵉ note est un *mi* selon vous ? Cependant ce *mi* n'est que d'un demy ton plus haut que le *re* qui le suit, & il est plus bas d'un ton entier que le *fa* qui est au dessus. Voila qui renverse toutes les regles par lesquelles vous avez appris à entonner. Et il n'y a point d'expedient pour vous tirer de là, qui ne soit plein d'embarras : au lieu qu'il n'y en a pas le moindre du monde dans la maniere que vous voulez éviter. En voila assez pour faire voir, que c'est avec beaucoup de raison qu'on fait nommer les notes autrement par ♭ *mol*, que par ♮ *quarre*.

On doit encore estre averty, que si lors qu'on apprend à entonner, on trouve que l'imagination soit soulagée en changeant le nom de la 7ᵉ note lors qu'on en change le ton ; c'est à dire en l'appellant *si*, lors qu'on n'y met point de ♭ *mol* accidentel, & *za* lors qu'on y en met un, il est libre de le faire ; & qu'il y en a qui croyent que cela donne quelque facilité.

C iij

38 Nouvelle Methode pour apprendre le Plein chant.
Neanmoins cela n'eſt pas neceſſaire, & il ſuffit de ſe bien accoûtumer à entonner les trois notes *la*, *ſi*, *ut*, ſelon les deux manieres qui ont eſté propoſées à la page 15.

Enfin il faut remarquer qu'il y a des Livres de Plein chant, où quoy qu'il ſe trouve quelque fois ſur une même bande pluſieurs *ſi*, qu'on doit entonner avec le ♭ *mol* accidentel, on ſe contente de le marquer au premier qui ſe rencontre. Il faudra donc, quand on chantera ſur ces livres là, entonner tous les autres *ſi* qui ſe trouveront ſur la meſme bande, comme on aura entonné le premier; ſi ce n'eſt qu'il y en ait quelqu'un où l'on ait mis le ♮ *quarre*, pour avertir de revenir à l'entonnement naturel de cette note.

DES HUIT TONS DE L'EGLISE.

DANS le Traité de la maniere d'apprendre le Plein chant, le mot de TON se prenoit pour la distance qui se trouve entre la pluspart des Notes. Mais quand on parle des HUIT TONS DE L'EGLISE, ce mot ne signifie plus cela: mais une certaine espece ou nature de chant,

Ces huit TONS sont donc huit differentes especes de chant ausquelles se peut rapporter tout ce qui se chante dans l'Office de l'Eglise, soit Pseaumes, Antiennes, Introïts, Graduels, Répons, &c. en sorte qu'il ne se chante rien de tout cela qui ne soit de quelqu'un de ces huit TONS.

Ces TONS sont mieux marquez & plus reconnoissables dans

les chants des Pseaumes que dans ceux des Antiennes, Répons, &c. Ainsi, ce sont ces chants là principalement qu'il faut apprendre par cœur, & se bien accoûtumer à les discerner les uns des autres.

On considere particulierement quatre choses dans le chant de chaque Pseaume.

1. La Modulation par où l'on commence le Verset, qui est ce qu'on appelle l'INTONATION.

2. Celle du milieu du Verset, & qu'on appelle MEDIATION.

3. Et celle qui termine le Verset, qu'on appelle CONCLUSION, ou l'E, u, o, u, A, E; parce qu'elle tombe sur ces mots *sæculorum Amen.* dont les syllabes sont désignées par les voyelles, E, u, o, u, a, e.

4. Et enfin la note principale du chant du Pseaume, qui est celle sur laquelle tombe la premiere lettre de l'E, u, o, u, a, e;

ou la premiere syllabe du mot *sæculorum*, & qui domine, c'est-à-dire, qui est plus souvent repetée dans le chant ; ce qui fait qu'on l'appelle Dominante. Elle donne aussi la dénomination au TON du Pseaume, en sorte que celuy qui a *la* pour sa dominante, est dit se chanter en *la*: Celuy dont la dominante est *sol*, est dit se chanter en *sol*, &c.

L'INTONATION est donc une Modulation qui va chercher la dominante du TON, & qui se fait pour rendre le chant plus solennel. C'est pourquoy on ne s'en sert que dans les Festes doubles aux premiers Versets de tous les Pseaumes des Vespres, des Matines & des Laudes, & à tous les Versets du *Magnificat* & du *Benedictus*, qui ont encore quelquesfois dans leur Intonation quelque chose de different de celle des Pseaumes, comme on verra cy-aprés. Hors de là, on commence tout droit par la dominante.

DES HUIT TONS DE L'EGLISE.

La MEDIATION est toûjours la même, hors quelque cas qui seront marquez.

Mais la CONCLUSION se diversifie quelquesfois, & finit tantost sur une note, tantost sur une autre, selon qu'il est à propos pour rencontrer la note par où commence l'Antienne qui doit estre chantée aprés le Pseaume. Par exemple, un Pseaume du premier TON finira en *sol*, si l'Antienne qui doit estre chantée en suite commence par *sol*.

Voicy tous les TONS notez avec leurs INTONATIONS, MEDIATIONS, & CONCLUSIONS, dont la seule veuë fera parfaitement entendre ce qui vient d'estre dit.

LES HVIT TONS
DE L'EGLISE
SELON L'USAGE ROMAIN.

LES HUIT TONS

PREMIER TON.

INTONATION.
Pour tous les Versets de Magnificat, & de Benedictus, & pour les premiers Versets des Pseaumes aux Vespres, Matines & Laudes des Festes doubles.

MEDIATION.
Qui ne change point.

CONCLUSION.
Qui se diversifie comme il sera marqué au bas.

Dixit Dóminus Dómino meo: sede à dextris meis.

Sicut erat in principio & nunc & semper:

& in sæcula sæculorum. Amen.

DE L'EGLISE.

PREMIER TON, *commençant par la dominante, dont on se sert hors les cas marquez cy-dessus.*

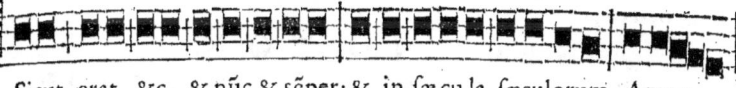

Sicut erat &c. & nūc & sēper: & in sæcu la sæculorum, Amen.

Dans ce premier TON on voit que la note *la* est la principale note du chant; & qu'elle se rencontre sur la premiere syllabe du mot *sæculorum.* C'est donc la note dominante du TON; & l'on dira que le premier TON se chante en *la.*

On connoîtra de mesme, la dominante des autres TONS.

CONCLUSIONS *ou fins differentes du Premier* TON.

e, u, o, u, a, e.   e, u, o, u, a, e.   e, u, o, u, a, e.

DE L'EGLISE.

Il faut remarquer icy que le mot *Magnificat*, fait la moitié du premier verset de ce Cantique, comme il paroist dans tous les livres de chant, & dans tous les Breviaires où l'on trouve toûjours aprés ce mot, deux points : ou une étoile *, qui est la marque qu'on a coûtume de mettre au milieu du Verset, pour avertir de faire la MEDIATION : de sorte que l'INTONATION & la MEDIATION se font sur ce même mot, comme l'on voit dans cet exemple du SECOND TON, dont les quatre premieres notes sont pour l'INTONATION, & les trois dernieres pour la MEDIATION.

SECOND TON *commençant par la dominante.*

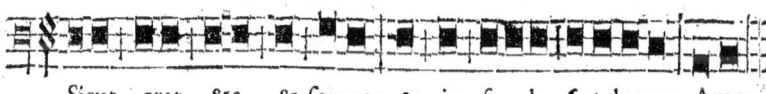

Sicut erat &c. & semper: & in sæcula sæculorum. Amen.

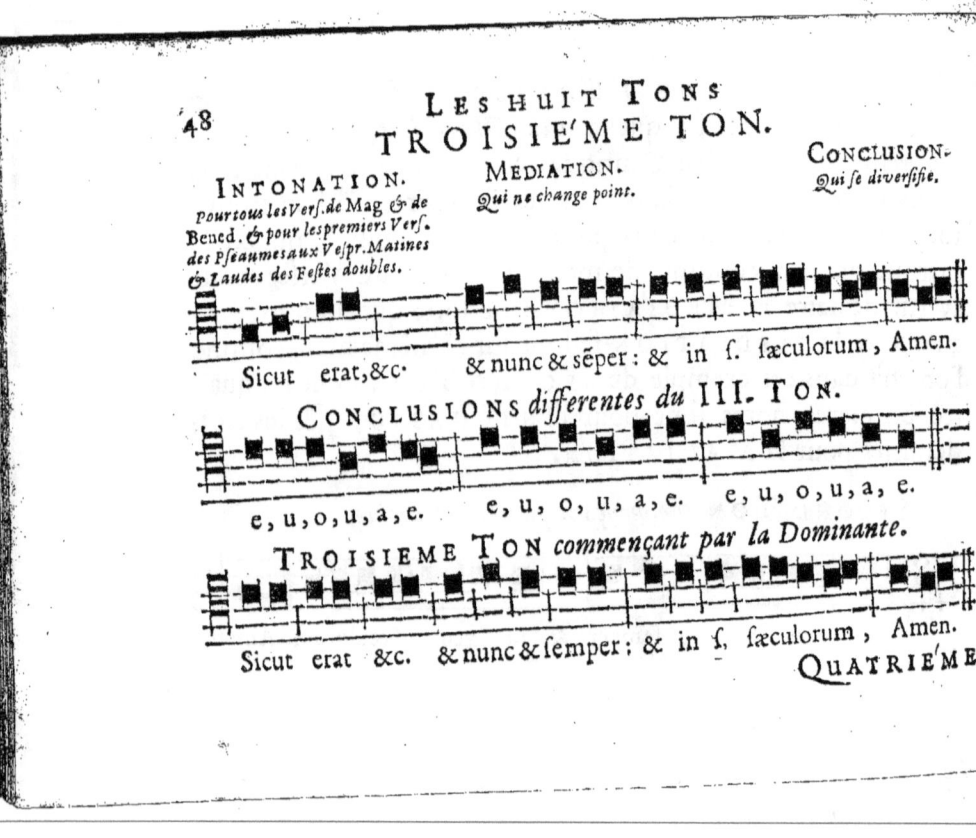

DE L'EGLISE.
QUATRIEME TON.
49

INTONATION.
pour tous les Verſ de Mag. & de
Bened. & pour les premiers Verſ.
des Pſeaumes aux Veſpr. Matines
& Laudes des Feſtes doubles.

MEDIATION.
Qui ne change point.

CONCLUSION.
Qui ſe diverſifie.

Sicut erat &c. & nunc & ſemper: & in ſ. ſæculorum. Amen.

Fins differentes du IV. TON.

e, u, o, u, a, e.   e, u, o, u, a, e.   e, u, o, u, a, e.

QUATRIEME TON *commençant par la Dominante.*

Sicut erat, &c. & nunc & séper: & in ſ. ſæculorum, Amen.

D

LES HUIT TONS
CINQUIÈME TON.

INTONATION.
Pour tous les Verf. de Mag. & de Bened. & pour les premiers Versets des Pseaumes aux Vespres, Matines & Laudes des Festes doubles.

MEDIATION.
Qui ne change point.

CONCLUSION.
Qui ne change point.

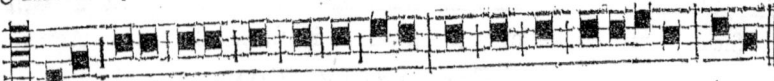

Sicut erat, &c. & nunc & semper : & in s. sæculorum, Amen.

CINQUIÈME TON, commençant par la dominante.

Sicut erat, &c. & nunc & semper ; & in s. sæculorum. Amen.

DE L'EGLISE.
SIXIÉME TON.

INTONATION.
Pour tous les Verſ. de Mag. & de Bened. & pour les premiers Verſ. des pſeaumes aux Veſp. Matines & Laudes des Feſtes doubles.

MEDIATION.
Qui ne change point.

CONCLUSION.
Qui ne change point.

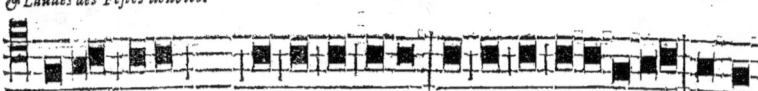

Sicut erat, &c. & nunc & semper; & in ſ. sæculorum, Amen.

SIXIÉME TON *commençant par la dominante.*

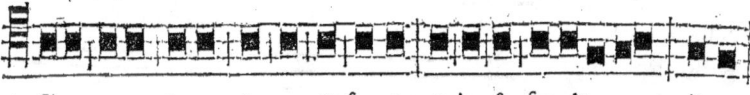

Sicut erat &c. & nunc & semper; & in ſ. sæculorum, Amen.

D ij

DES HUIT TONS
SEPTIE'ME TON.

INTONATION.
Pour tous les Verſ. de Mag. & de Bened. & pour les premiers Verſ. des Pſeaumes aux Veſp. Matines & Laudes des Festes doubles.

MEDIATION.
Qui ne change point.

CONCLUSION.
Qui ſe diverſifie.

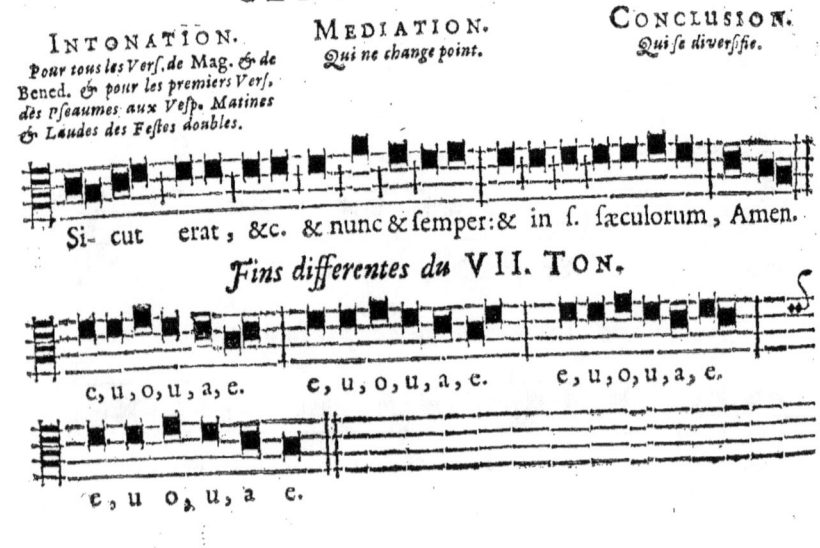

Si- cut erat, &c. & nunc & ſemper: & in ſ. ſæculorum, Amen.

Fins differentes du **VII. TON.**

e, u, o, u, a, e.   e, u, o, u, a, e.   e, u, o, u, a, e.

e, u, o, u, a, e.

DE L'EGLISE.

L'INTONATION de ce VII. TON *est pour le Magnificat & le Benedictus aux Festes doubles, aussi bien que pour les premiers Versets des Pseaumes, comme il a esté dit. Mais le premier Verset du Magnificat s'entonne ainsi.*

Ma- gnificat.

SEPTIE'ME TON *commençant par la dominante.*

Sicut erat &c. & nunc & semper ; & in s. sæculorum, Amen.

D iij

LES HUIT TONS
HUITIE'ME TON.

INTONATION.
Pour les premiers Verſets des
Pſeaumes aux Veſpres, Matines,
& Laudes des Feſtes doubles.

MEDIATION.
Qui ne change
point.

CONCLUSION.
Qui ſe diverſifie.

Sicut erat, &c. & ſemper: & in ſæcula ſæculorum, Amen.

Autre fin du VIII. TON. VIII. TON *commençant par la dominante.*

e, u, o, u, a, e   Sicut erat, &c.

INTONATION *du* VIII. TON *pour tous les Verſets du* Magnificat *& du* Benedictus *aux Feſtes doubles.*

Ma- gni- ficat.

DE L'ÉGLISE.

CHANT *particulier du* I. TON, *dont on ne se sert que pour le Pseaume* In exitu Israël.

COMMENCEMENT *par la dominante.*   MEDIATION.

Sicut   erat   in   principio   &   nunc   &   semper:

CONCLUSION.

&   in   sæcula   sæculorum,   Amen.

Le changemeut qui se fait quelquesfois à la MEDIATION, n'arrive qu'au II. au IV. au V. & au VIII. TON, lorsqu'elle tombe sur un monosyllabe, ou sur un nom indeclinable; auquel cas, on ne fait autre chose pour la MEDIATION que d'élever la voix sur le monosyllabe, ou sur la derniere syllabe

D iiij

56   Les huit Tons

de l'indeclinable, jufqu'à la note qui eft immediatement au deſ-
fus de la dominante; en cette maniere,

In convertendo Dóminus capti vi tatem Sion.

Dómine in virtute tu a læ ta bitur Rex.

En fuite dequoy l'on reprend la dominante pour continuër le Verfet à l'ordinaire. On appelle cette Mediation IRREGU-LIERE.

Dans le chant fingulier du Pfeaume *In exitu*, la derniere no-te de la Mediation reguliere eft *fa*; mais on dit *la* au lieu de *fa* dans la MEDIATION IRREGULIERE en cette maniere.

DE L'EGLISE.

Be ne di xit do mu i ISRAEL.

Ad ji ci at Dominus fuper Vos.

Dans la suite du Verset, s'il se rencontre un monosyllabe ou un indeclinable à l'endroit où il se fait comme une seconde MEDIATION en cette maniere  on fera rencontrer le monosyllabe, ou la derniere syllabe de l'Indeclinable sur le *la* comme on le voit icy marqué.

Domus JACOB de populo barbaro.

Au lieu que si le mot JACOB n'estoit point indeclinable, on diroit:

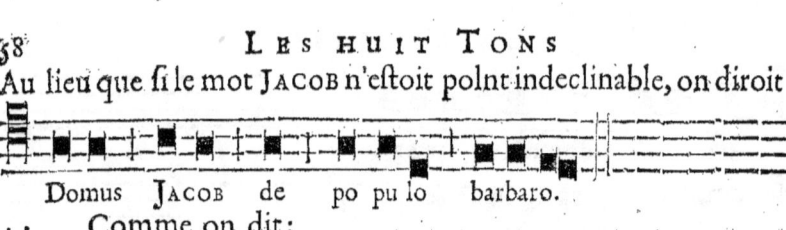

Domus JACOB de po pu lo barbaro.

Comme on dit:

Jordanis qui- a conversus est retrorsum.

Les Antiennes qui se chantent avant & aprés chaque Pseaume, sont du mesme TON que le Pseaume. Et pour sçavoir de quel TON est l'Antienne & le Pseaume, il faut prendre garde quelle est la notte finale de l'Antienne : c'est à dire, celle par où elle finit ; & quelle est la dominante du Pseaume qui la suit, que l'on reconnoîtra aisément en regardant quelle est la premiere note de l'*e, u, o, u, a, e* ; Car ce sera la dominante que l'on cherche.

Or dés que l'on connoît la finale de l'Antienne, & la dominante du Pseaume, on connoît le TON à l'aide des Régles suivantes. On les a mises en vers latins, afin qu'elles fussent plus aisées à retenir.

Finalis vox Antiphonæ, cum principe Psalmi
Voce, Tonum ostendunt. Quæ sit vox quælibet ergo,
Et quem quæque Tonum designet, sedulus Audi.

Si re *finalis,* la *princeps, en tibi* PRIMUM.
Fine ex consimili, fa *principe, nosce* SECUNDUM.
TERTIUS *est, si* mi *finalis; & ut dominetur.*
Mi *quoque finalis,* la *princeps; dant tibi* QUARTUM.
QUINTUS *erit,* fa *finali, atque ut principe, notus.*
Finis idem SEXTUM *tibi, sed* la *principe, prodit.*
Cum sol *finis erit,* re *princeps;* SEPTIMUS *esto.*
Denique finis idem OCTAVUM *dabit, ut dominante.*

Les Huit Tons

Ces vers font assez intelligibles pour n'avoir pas besoin d'explication. Il faut seulement remarquer,

1º Qu'encore qu'il y ait des Antiennes de huit Tons differens, elles n'ont que quatre differentes finales; Sçavoir *re*, *mi*, *fa*, *sol*: Et que les Antiennes du I. & du II. finissent en *re*. Celles du III. & du IV. en *mi*. Celles du V. & du VI. en *fa*. Et enfin celles du VII. & du VIII. en *sol*, comme on le peut remarquer dans les vers mesmes. Mais la Dominante du Pseaume vous détermine, & vous fait voir quand l'Antienne finit en *re*, par exemple, si c'est du I. ou du II. Quand elle finit en *mi*, si c'est du III. ou du IV. &c.

2º Que tout cela se doit prendre comme si tout estoit noté par ♮ *quarre*, comme il se trouve aussi que sont tous les Pseaumes, & la pluspart des Antiennes. Et quand il s'en trouve quelqu'une par ♭ *mol*, si l'on veut reconnoître de quel Ton

DE L'EGLISE.

elle est, & le Pseaume qui la suit ; il en faut juger comme si elle estoit notée par ♮ *quarre.* C'est à dire, qu'il faut considerer la note par où elle finit, selon le nom qu'on luy donneroit, si on chantoit par ♮ *quarre.* Or le nom qu'on luy donneroit, seroit celuy de la note qui se trouve à sa quarte en montant. Ainsi ce qui est *ut* par ♭ *mol,* seroit *fa* par ♮ *quarre.* Ce qui est *re* par ♭ *mol,* seroit *sol* par ♮ *quarre.* Ce qui est *mi* par ♭ *mol,* seroit *la* par ♮ *quarre,* &c. Appliquons toutes ces Regles à un Exemple.

Je trouve une Antienne notée par ♭ *mol,* dont la finale est *ut.* Je veux sçavoir de quel TON est cette Antienne. Je dis, cét *ut* seroit un *fa* par ♮ *quarre* : Car le *fa* est la note qui se trouve à la quarte en montant de l'*ut.* Or toute Antienne qui finit en *fa*, est du V. ou du VI. TON ; celle-cy est donc de l'un des deux. Pour sçavoir maintenant duquel, je n'ay qu'à voir quelle

LES HUIT TONS DE L'EGLISE.

eſt la Dominante du Pſeaume qui la ſuit. Si cette Dominante eſt *ut*, la finale eſtant *fa*, je dis, ſi je ſçay bien mes vers, que le Ton que je cherche eſt le V.

QUINTUS *erit* fa *finali atque* ut *principe notus.*

Si la Dominante eſtoit *la*, la finale eſtant la meſme, ce ſeroit le VI. TON.

Finis idem SEXTUM *tibi, ſed* la *principe, prodit.*

On a jugé à propos d'ajoûter icy les HUIT TONS A L'USAGE DE PARIS. *Il ne faut aucune explication pour cela; & la ſeule inſpection fera connoître ce ce qu'ils ont de diferent de ceux qu'on vient de marquer qui ſont ſelon le* ROMAIN.

LES HVIT TONS
DE L'EGLISE
SELON L'USAGE DE PARIS
Conformément au Nouveau Breviaire.

DE L'EGLISE. 65

On peut transposer ce Chant en cette maniere.

Glôria Patri, & Fílio, æ u o ú : a ē.

Laudá- te Dóminum omnes gétes,&c. Spirítui san- cto. æ u o u a e.

Magní- ficat ánima. Spirítui san- cto. æ u o u a e.

i i u i ã o. æ u o u a e. æ u o u a e.

E

LES HUIT TONS

æ u o u a e.　æ u o u a e.　æ u ó u a e.　æ u o u a e.

Les Cantiques Benedictus, Magnificat, & Nunc dimittis, se chantent comme les Pseaumes dans les Tons impairs : mais dans les pairs ils ont des Commencements & des Médiations particulieres, qu'on verra icy dans chacun de ces Tons.

SECOND TON.

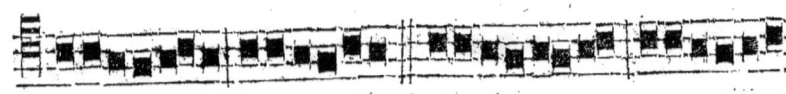

L Audá- te Dóminum omnes gentes.　æ u o u a e.

Le Chant suivant est celuy qu'on nomme le petit ramage.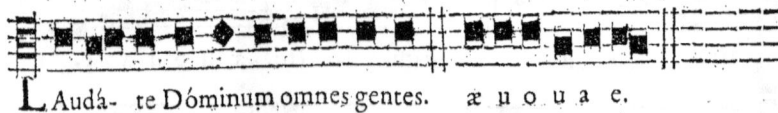

æ u o u a e.

DE L'ÉGLISE. 67

Pour les Cantiques Evangeliques.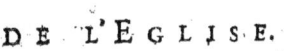
Nunc di- míttis servum tuum Dómine.

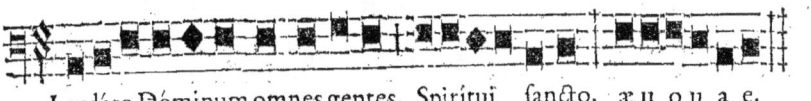
Laudáte Dóminum omnes gentes. Spirítui sancto. æ u o u a e.

Pour les Cantiques Evangeliques.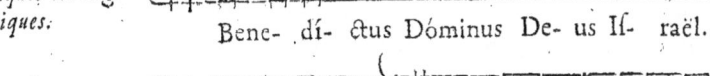
Bene- dí- ctus Dóminus De- us Is- raël.

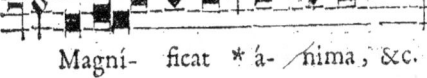
Magní- ficat * á- nima, &c.

E ij

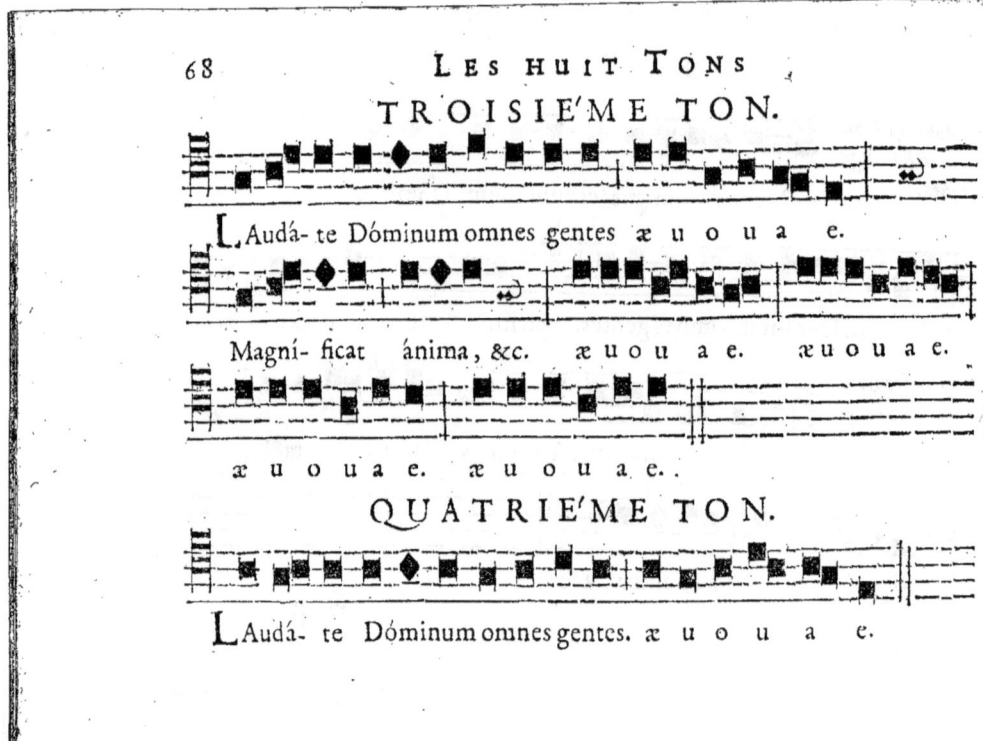

DE L'EGLISE. 69

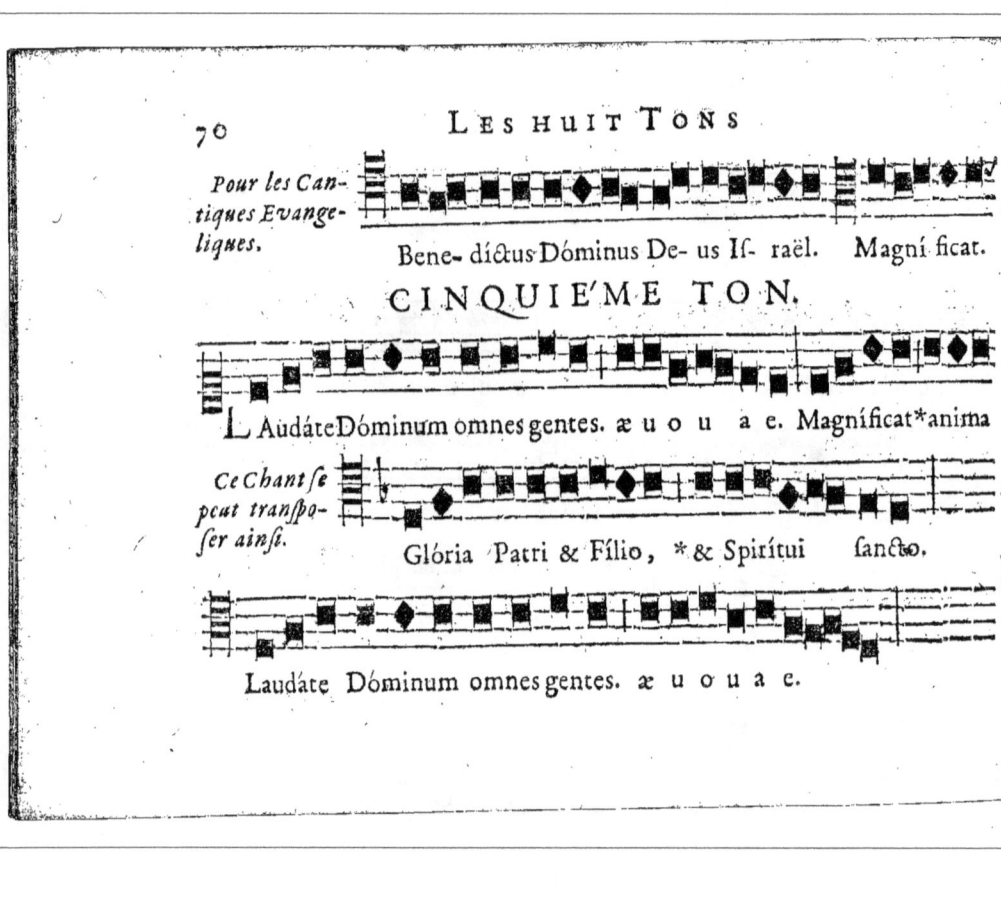

DE L'EGLISE. 71

æ u o u a e.   Spiritui sancto.   frumenti satiat   te.

SIXIÉME TON.

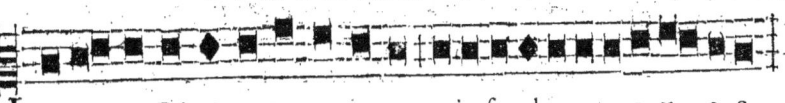

LAudá- te Dóminum omnes gentes. & in sæcula æ u o u   a e.

Pour les Cantiques Evangelistes.

Bene-   dictus Dóminus De- us Israël.

Magní- ficat * ánima   mea, &c.

E iiij

72 LES HUIT TONS

Laudá- te Dóminum omnes gentes. & in sæcula æ u o u a e.

Pour les
Cantiq.
Evang.

Bene- dictus Dóminus De- us Is- raël. Magní- ficat.

Ces deux Chants
se peuvent transpo-
ser ainsi.

Laudá- te Dóminum omnes gentes.

Laudá- te Dóminum omnes gentes.

DE L'EGLISE. 73

Laudá- te Dóminum omnes gentes. æ u o u a e. Spirítui sáčto.

æ u o u a e. Spíritui sančto.

Pour les
Cantiq.
Evang.

Bene- dictus Dóminus Deus If- raël. Magní-ficat.

SEPTIE'ME TON.

L Audá- te Dóminum omnes gentes æ u o u a e.

DE L'EGLISE. 75

æ u o u a e. Spíritui sancto. æ u o u a e.

Spíritui sancto. æ u o u a e.

Pour les Cantiques Evangelistes.

Benedí-ctus Dóminus De- us Is- raël.

Magní- ficat * á- nima, &c.

Il est à remarquer, que toutes ces intonations ne s'observent qu'au premier Verset de chaque Pseaume, & que les autres Versets se commencent tout droit par la note dominante : ce qui s'observe aussi aux Cantiques Benedictus & Magnificat, si ce n'est aux jours ausquels on doit toucher l'Orgue, qui sont les Annuels, & les Grands & Petits-Solemnels ; car alors chaque Verset du Cantique s'entonne comme le premier.

Touchant les mediations il n'y a autre chose à remarquer, sinon que le premier Verset de Magnificat ayant à cause de son petit nombre de syllabes mediation particuliere en chacun Ton, la mediation de tous ses autres Versets est celle qui est marquée icy pour le Benedictus.

COMMENT ON DOIT PRENDRE LE TON.

VOicy une troisiéme signification du mot de TON, qui se prend icy pour le point de l'étenduë de la voix qu'il faut choisir pour chanter à son aize, & pour aller sans se forcer jusqu'à la plus haute & jusqu'à la plus basse note de ce que l'on veut chanter.

Quoy que les voix ne soient pas toutes d'une mesme étenduë, il y a pourtant un certain point que l'on peut prendre, où tous les Chantres d'une mesme Eglise pourront chanter sans se forcer. Et c'est ce point là qu'il faut tâcher de trouver lors que l'on commence l'Office.

Dans les Eglises où il y a des Orgues on le rencontre plus aizément, parce que l'Orgue le donne: cét Instrument ayant

78 COMMENT ON DOIT PRENDRE LE TON.

esté proportionné à l'étenduë de la voix des hommes; & à force de chanter alternativement avec l'Orgue, ce point, ou ce TON naturel de la voix s'imprime dans l'imagination; en sorte qu'on le rencontre toûjours, encore mesme que l'Orgue ne joüe point.

Dans les autres Eglises, il seroit à propos d'avoir une petite clochette qui fust à l'octave, ou à la quinziéme en haut de l'onziéme touche du clavier, (sans conter les feintes) afin de s'en servir pour prendre le TON de cette onziéme touche qui est celuy qu'il faut prendre pour commencer *Deus in adjutorium*.

Cette onziéme touche du clavier répond à cette clef comme la quinziéme répond à celle-cy sur quelque ligne que l'une & l'autre soient posées. Ainsi les espaces & les lignes au dessus & au dessous de chaque clef, representent les touches

COMMENT ON DOIT PRENDRE LE TON.

du clavier qui font au deſſus & au deſſous de celle qui convient avec la clef.

Il s'enſuit de là qu'il faut toûjours concevoir cette clef plus haut de deux lignes que celle-cy , & comme eſtant diſpoſées l'une à l'égard de l'autre en cette maniere, ce qui repreſente la diſtance dont les touches qui leur répondent dans le clavier ſont éloignées l'une de l'autre. Car contant onze ſur la ligne où l'on voit la clef d'*ut-fa*, & continuant à conter en montant les eſpaces & les lignes, on trouvera quinze ſur celle où la clef de *ſol-ut* eſt poſée.

Il eſt aizé de voir par là comment les lignes & les eſpaces de l'une & de l'autre clef ſe rapportent, quoy qu'on les conſidere ſeparées, & qu'elles ſoient ſur d'autres lignes que celles où l'on

80   COMMENT ON DOIT PRENDRE LE TON.

les voit dans cét exemple où elles font toutes deux enfemble. Et il n'y a perfonne qui ne trouve de foy-mefme que la premiere ligne au deffus de la clef d'*ut-fa*, eft la mefme chofe que la premiere ligne au deffous de la clef de *fol-ut*, & que par confequent ces deux notes font à l'uniffon.

Que le premier efpace au deffus de la plus baffe fe rapporte à celuy qui eft le fecond au deffous de la plus haute ; Et qu'ainfi ces deux autres notes font encore à l'uniffon.

La connoiffance de tous ces rapports donne une grande facilité à prendre le TON, lors qu'on paffe d'un chant à un autre, & qu'ils font fur differentes clefs.

Ayant

COMMENT ON DOIT PRENDRE LE TON.

Ayant donc entoné *Deus in adjutorium*, d'un TON qui nous est representé par une note qui seroit sur la clef d'*ut-fa* nous prendrons cette note pour *ut* ou pour *fa*, selon que ce que nous devons chanter en suite sera par ♭ *mol* ou par ♮ *quarre*. Et de là nous nous conduirons au TON de la premiere note de ce qui suit: montant ou descendant selon que cette premiere note sera au dessus ou au dessous de cét *ut* ou de ce *fa*. Et comme une note qui aura le mesme nom peut estre au dessus ou au dessous, nous en jugerons par sa position à l'égard de la clef. Par exemple, prenons nostre premier TON du *Deus in adjutorium* pour *ut*, parce que nous supposons qu'il suit un chant par ♭ *mol*; ce chant pourroit commencer par *mi* en deux differentes manieres, comme on voit dans ces deux exemples.

F

82   Comment on doit prendre le Ton.

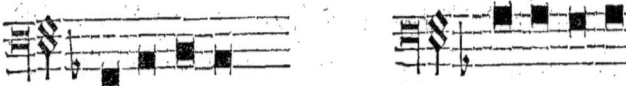

 Et alors il seroit visible que le chant du premier exemple se devroit commencer à la sixiéme au dessous du Ton du *Deus in adjutorium*, & celuy du second à la tierce au dessus.

 En finissant ce chant là, nous prendrons garde à la mesme chose, & nous nous conduirons de mesme pour prendre le Ton de la premiere note de celuy qui suivra par le rapport qu'elle aura à la derniere du precedent: Et ainsi successivement jusques à la fin de l'Office.

 Mais lors qu'il arrivera que nous passerons d'un chant par ♭ *mol* à un chant par ♮ *quarre*, nous ne nous reglerons pas par le nom que nous donnons aux notes dans l'un & dans l'autre. Et l'Antienne, par exemple, finissant par une note que nous appe-

COMMENT ON DOIT PRENDRE LE TON. 83

lons *ut* par ♭ *mol*, & le Pseaume commençant par une autre note que nous appelons *fa* par ♮ *quarre*, nous ne commencerons pas ce Pseaume une quarte plus haut, ou une quinte plus bas que la fin de l'Antienne, sous pretexte qu'il y a une quarte de l'*ut* au *fa* en montant, & une quinte en descendant. Mais nous considererons cette premiere note du Pseaume, quoy qu'elle soit par ♮ *quarre*, comme si elle estoit par ♭ *mol*; & nous prendrons nostre TON là dessus. Ainsi dans l'exemple proposé, où nous supposons que

l'Antienne finit par *ut*, en cette maniere,

Le Pseaume commençant ainsi: nous dirons.

Ce *fa* par où commence le Pseaume seroit un *ut* par ♭ *mol*; nous l'entonnerons donc à l'unisson de l'*ut* par où finit l'Antienne precedente, quoy que nous le nommions *fa*. Il faut dire

F ij

84   Comment on doit prendre le Ton.

la mesme chose quand on passe d'un chant par ♮ *quarre* à un chant par ♭ *mol* : Et l'on peut voir dans ces mesmes exemples, la raison de cette pratique; car il est visible que cét *ut* de la fin de l'Antienne, & ce *fa* du commencement du Pseaume, sont sur des lignes qui ont mesme rapport à la clef; & qui par consequent répondent à la mesme touche du clavier. Il faut donc prendre l'un & l'autre au mesme Ton.

Voila ce que l'ordre naturel demande qu'on observe pour prendre le Ton, quand on passe d'un chant à un autre.

Mais comme il y a de certains Offices où il se rencontre quelques chants parmy les autres qui ont trop d'étenduë en haut ou en bas pour y pouvoir aller en gardant cét ordre là, on est contraint de transporter le Ton, & de les prendre plus bas ou plus haut que cét ordre-là ne demande.

Cèla ne se doit pas faire au hazard, & voicy ce qu'il y faut

COMMENT ON DOIT PRENDRE LE TON.

obferver, afin que l'oreille ne foit point choquée.

Le Ton de châque note que nous fuppofons déterminé par le rapport des clefs à de certaines touches du clavier, & déja imprimé dans l'oreille, fe tranfporte commodement en haut ou en bas au Ton de celle qui eft à fa quarte ou à fa quinte au deffus ou au deffous.

Ainfy, s'il faut tranfporter le Ton de l'*ut*, vous le prendrez au Ton où vous preniez *fol* ou *fa* en haut ou en bas.

Si c'eft *ré* qu'il faut tranfporter, vous le prendrez au Ton où vous preniez *la* ou *fol* en haut ou en bas.

Mi fe tranfporte tout de mefme au Ton de *la* ou de *fi* en haut ou en bas, & ainfy du refte.

Lors que le chant qui vous aura obligé de quitter le Ton fera finy, vous le reprendrez pour recommencer le fuivant, en remontant ou en defcendant d'une quarte ou d'une quinte, felon

86   COMMENT ON DOIT PRENDRE LE TON.
que vous aviez defcendu ou monté de l'une ou de l'autre.

   On va voir tout cela dans un exemple tiré de l'Office de la Fefte du faint Sacrement.

   Le dernier Répons du II. Nocturne de Matines finit fur un *fol* còmme celuy qu'on voit icy,   & ce Répons fe chante fort commodement au Ton naturel, en forte que ce *fol* eft à l'uniffon de la douziéme touche du clavier.

   Mais l'Antienne qui fe doit chanter enfuite pour entrer dans le III. Nocturne commence ainfi,
                                         Introi-   bo ad alta- re, &c.
& a une étenduë en haut où la voix ne fauroit aller fi l'on prend le mot *Introibo* à l'uniffon de la note par où finit le Répons precedent, comme l'ordre naturel le demanderoit ; la note par

COMMENT ON DOIT PRENDRE LE TON.

où cette Antienne commence, ayant le mesme rapport à la clef que celle par où finit le Répons precedent. Que ferons nous donc? Nous prendrons le Ton de cette Antienne à la quinte au dessous du *sol* par où finit le Répons, comme si elle estoit marquée de cette sorte [musical notation: In troi- bo.] & nous dirons le Pseaume *Judica me*, qui vient en suite au Ton que cette transposition nous donnera, & nous repeterons l'Antienne aprés le Pseaume au mesme Ton.

Mais quand il faudra recommencer la seconde Antienne qui est ainsy notée, [musical notation: Ci- ba vit nos.] nous reprendrons nostre premier Ton. Et au lieu de la commencer à l'unisson de la derniere note de l'Antienne precedente qui finit par un *sôl*, comme celle-cy y commence, nous la prendrons une quinte plus haut ; parce que nous avions baiſſé d'une quinte. Ainſy nous nous trouverons dans noſtre Ton naturel.

Mais, dira-t-on, pourquoy avions-nous baiſſé d'une quinte plûtoſt que d'une quarte ? Comment ſaurons-nous en pareille rencontre s'il faudra baiſſer plûtoſt de l'une que de l'autre ? Les regles qu'on pourroit donner pour cela ne ſçauroient eſtre entenduës que de ceux qui ſavent la Muſique, & qui connoiſſent la nature & les proprietez des modes : il faut que les autres tâchent de diſcerner cela par l'oreille & par l'habitude.

Les Chapitres, Verſets, Leçons & Collectes ſe doivent dire au Ton de cette note lors que le chant qui les precede immediatement, eſt de quelqu'un des ſix derniers

Tons; Et lors qu'il est du premier ou du second, il est mieux de les dire au ton de celle-cy ; [notation] car il faut toûjours pour cela prendre le Ton de l'*ut* ou du *fa* au dessus de la finale de l'Antienne & des Répons precedens autant qu'il est possible, ou du moins celuy du *sol*, ou du *re*, & jamais le Ton du *la*, du *mi*, ny du *si*.

Le TON dont on chante les *Collectes* & le *Dominus vobiscum* à la Messe, est le mesme que celuy du *Deus in adjutorium* de l'Office. Celuy dont on doit chanter *l'Epistre* est plus haut d'une note comme on le voit icy marqué. [notation] il est par ♭ *mol*, parce qu'aux endroits de l'*Epistre* qui se terminent par un point, on doit hausser la voix d'un ton & demy, pour retomber en suite sur la mesme note. Et par consequent cette note doit estre un *re*. Pour le ton de *l'Evangile* ce doit estre le mesme que celuy dont le Celebrant chante les *Collectes* & le *Dominus vobiscum*.

Tout ce qui vient d'estre dit de la maniere de prendre le Ton servira aux Religieuses aussi bien qu'aux Ecclesiastiques; parce que le Ton naturel de leur voix est à l'octave en haut de celle des hommes. Ainsi la mesme sonette leur donnera le Ton pour commencer. S'il y en avoit neanmoins qui voulussent chanter un peu plus bas, elles n'auroient qu'à choisir une sonette plus basse de ce qu'elles jugeroient à propos, & du reste observer toutes les mesmes Regles.

CE QU'IL FAUT OBSERVER POUR BIEN CHANTER.

IL faut premierement avoir soin que le son de la voix soit le plus naturel qu'il est possible, & le plus approchant de celuy qu'elle a en parlant. Et pour cela il faut prendre garde de ne point faire de mouvement, ny de postures extrordinaires des lévres, de la langue, & du gosier.

2. De ne point étouffer sa voix, & d'ouvrir la bouche autant qu'il est necessaire pour jetter le son en dehors.

3. De se moderer en sorte qu'on puisse chanter long-temps sans se lasser : Et ainsi de n'employer pas toute la force de son poulmon, & de ne prendre pas garde si on est plus ou moins

entendu que les autres avec qui l'on chante.

4. De chanter toûjours d'une mesme force, & de ne pousser point en des endroits plus qu'en d'autres. C'est une faute que la plufpart font; parce qu'on a toûjours de certains endroits de l'étenduë de la voix où elle est plus belle & plus libre. Et quand le chant vient dans ces endroits-là, on est porté à poufler plus fort, & à se faire entendre.

5. De prononcer exactement & distinctement, & d'éviter tout ce qui peut nuire à la bonne prononciation, comme les coups de gosier, & les aspirations.

6. Lors qu'il y a plusieurs notes sur une mesme syllabe, de faire entendre principalement celle sur laquelle la syllabe se prononce, & de couler les autres plus doucement & sans aspirations; en sorte que ceux qui entendent chanter ne remarquent pas le passage de l'une à l'autre.

CE QU'IL FAUT OBSERVER POUR BIEN CHANTER. 93

7. Lors qu'on fera quelques tremblemens aux cadences, de les faire les plus simples qu'il est possible, & de remarquer que le tremblement doit toûjours commencer par la note au dessus de celle sur laquelle on le fait : Car le tremblement n'est autre chose qu'une repetition de deux notes, qui sont immediatement l'une au dessus de l'autre, & que l'on fait entendre l'une aprés l'autre d'une maniere fort preste & fort vive ; En sorte que trembler sur le *mi*; Par exemple, c'est dire *fa mi*, *fa mi*, *fa mi*, un grand nombre de fois & avec beaucoup de vitesse. Or on a pris garde que l'oreille demande que la plus haute de ces deux notes, soit celle qu'on luy fasse entendre la premiere.

8. Découter ceux avec qui l'on chante, & que tous se suivent si bien, qu'ils chantent tous en mesme temps syllabe pour syllabe, & note pour note.

94   Ce qu'il faut observer pour bien chanter.

9. Enfin, de bien observer la Pause de la Mediation dans la Pſalmodie, & de ne point commencer un Verſet, que la fin de l'autre ne ſoit entenduë.

Il eſt bon que ceux qui gouvernent le Chœur conſultent de temps en temps la ſonette, afin de ſe remettre dans le Ton, ſi l'on avoit hauſſé ou baiſſé, comme il arrive aſſez ordinairement.

F I N.

De l'Imprimerie de Christophe Ballard, ſeul Imprimeur du Roy pour la Muſique.

EXTRAIT DU PRIVILEGE DU ROY.

PAr grace & Privilege du Roy donné à Paris le 7. Novembre 1682. Signé, Par le Roy en son Conseil, BOUCOT, & Scellé, il est permis à Guillaume Desprez Marchand Libraire à Paris, de s'imprimer, faire r'imprimer, vendre & debiter en tous les lieux de l'obeïssance de Sa Majesté ; un Livre intitulé, *Nouvelle Methode tres-seure & tres-facile pour apprendre parfaitement le Plein-Chant en fort peu de temps, reveuë, corrigée & de beaucoup augmentée*, & dans laquelle les nouveaux Chants de Paris ont esté adjoûtez, durant le temps & espace de six ans; avec deffenses à toutes personnes, de quelque qualité & condition qu'elles soient, Libraires, Imprimeurs, ou autres, de le r'imprimer, faire r'imprimer, vendre, ny debiter, sous quelque pretexte que ce soit, à peine de quinze cens livres d'amande, de confiscation des exemplaires contrefaits, & de tous dépens, dommages & interests, ainsi qu'il est porté plus au long dans lesdites Lettres.

Registré dans le Registre de la Communauté des Libraires de Paris, le 9 Novembre 1682.

Achevé d'imprimer pour la premiere fois le troisiéme Février 1683.

Explication des quatre Cercles pour apprendre le Chant.

IL n'y a que sept Sons ou degrez de voix, aprés lesquels la voix, soit en montant, soit en descendant, revient toûjours aux mesmes; en sorte que le huitieme, & ceux qui suivent le huitieme, sont les mesmes que le premier & ceux qui suivent le premier, de mesme à peu prés que les jours d'une Semaine qui reviennent les mesmes dans les Semaines suivantes.

Ces sept sons, qui du temps de S. Gregoire se marquoient par les sept premieres lettres de l'alphabet, sont presentement designez par des notes que l'on met diversement sur des rayes & sur des espaces, lesquels, tant rayes qu'espaces, sont nommez cordes. Ces notes sont exprimées par ces sept syllabes, *la si ut re mi fa sol.* Dans le premier & le troisième Cercle on voit en quel ordre ces Sons fe fuccedent à l'infiny, & en mefme temps les noms de ces Sons avec les lettres de S. Gregoire aufquelles ils répondent: Sur quoy on a fait ce Diftique latin.

Corde Deum Et Fidibus Gemituque Alto Benedicam
UT RE Mi FAciat SOLvere LAbra SIbi.

par où on voit que la note *Ut* répond à la corde C, la note *Ré* à la corde D, & ainfi des cinq autres.

On voit encore dans ces Cercles, non-feulement la fuite des Sons, mais encore leurs intervalles: car, par exemple, fi on commence par *mi*, on peut remarquer que l'intervalle de *mi* à *fa* eft une fois plus petit que de *mi* à *ré*; or l'intervalle de *mi* à *re* fe nomme un ton, & de *mi* à *fa* un demiton. Pa là on voit que dans la fuite circulaire de ces fept intervalles, il y a cinq tons & deux demitons; en forte qu'entre l'intervalle de *mi-fa* & celuy de *fi-ut*, il y a trois tons; & entre l'intervalle de *fi-ut* & celuy de *mi-fa*,

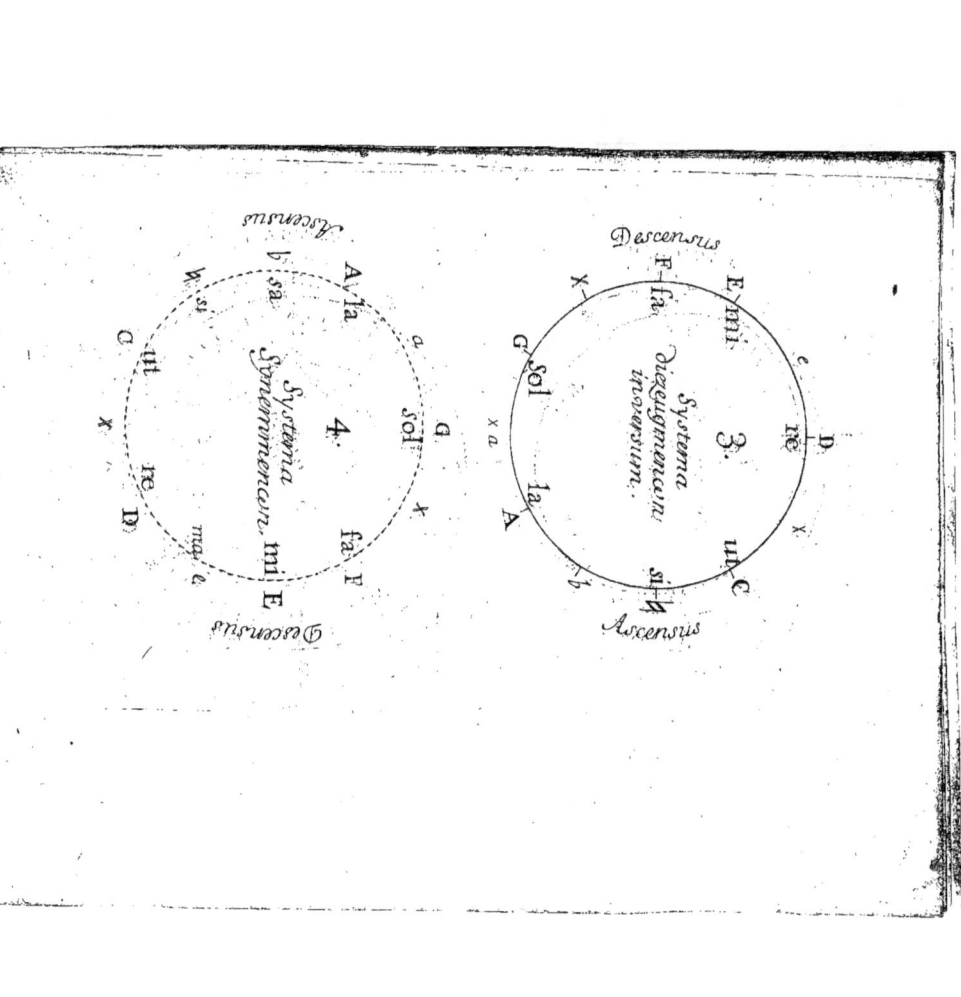

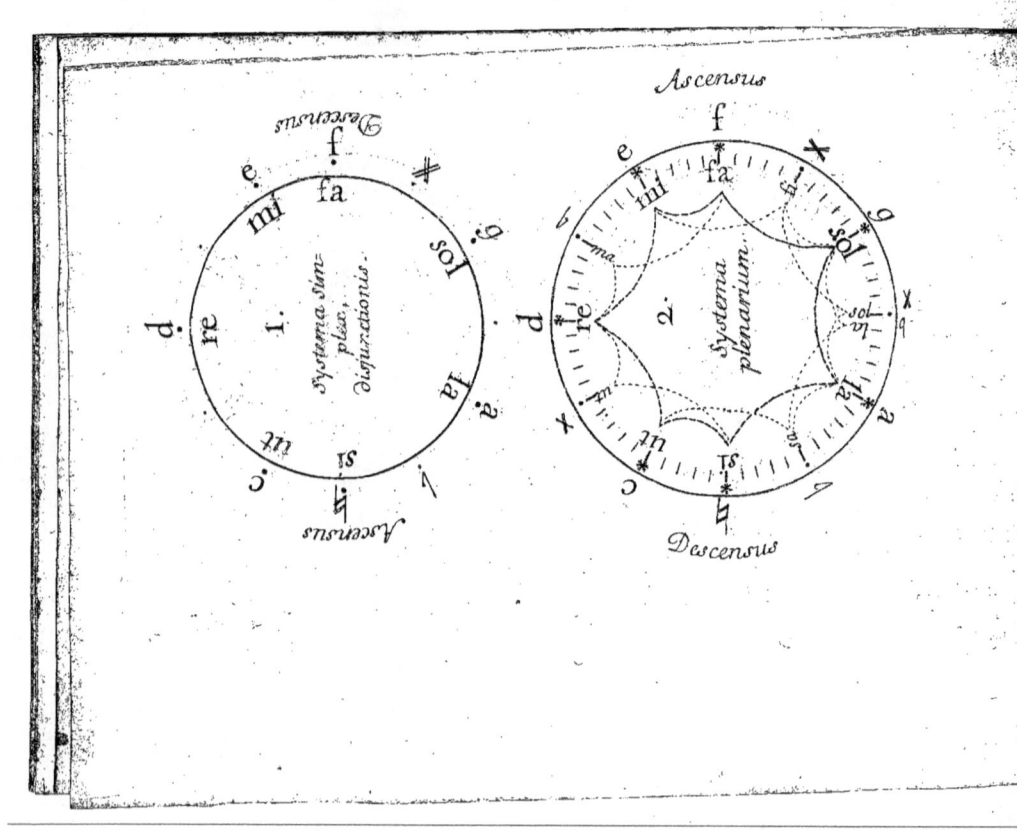

il y en a seulement deux. Il est à remarquer que la note *si*, qui est à un demiton d'*ut*, peut estre baissée vers *la* jusqu'à estre à un ton de l'*ut*, & à n'estre plus qu'à un demiton du *la*; & pour lors on ne la nomme plus *si*, mais *sa*; & la corde qui est B ne se désigne plus par un b quarré ainsi ♮, qu'on nomme bé dur, ou plus communément be quatre, mais elle se désigne par un b rond qu'on nomme be mol; ce qui se peut remarquer dans tous ces cercles, mais principalement dans le quatrième, où les cordes en montant sont exprimées par les syllabes *Ut Re Mi Fa Sol La Sa*, qui sont chacune les deux premieres lettres des sept hemistiches de la premiere strophe de l'Hymne *Ut queant laxis*; ainsi: *UT queant laxis REsonare fibris MIra gestorum FAmuli tuorum SOLve polluti LAbii reatum Sancte Joannes*. Il peut arriver encore dans les autres cordes, soit en montant, soit en descendant, beaucoup d'autres changemens de tons en demitons, & de demitons en tons: car chaque corde peut baisser vers son inferieure jusqu'à n'en estre plus distante que d'un demiton; ce qui, outre le *Si*, arrive encore au *Mi*, qui pour lors se nomme *Ma*, & quelque fois au *La*; & cela se marque par ♭: ou bien elle peut monter vers sa superieure, jusqu'à n'en estre plus distante que d'un demiton, & l'estre d'un ton de son inferieure; ce qui arrive souvent au *Fa*, dit pour lors *Fi*, rarement à l'*Ut*, plus rarement au *Sol*, & cela se designe par cette figure ✕, qu'on nomme un Diese quoy qu'improprement. Tout cela se voit tres-distinctement dans le 2. cercle, où on peut encore remarquer de quel intervalle sont distans entr'eux les demitons, tant les majeurs qui y sont de cinq commas, que les mineurs qui n'y sont que de quatre: on y voit aussi les traces de la voix, c'est à dire, les chemins qu'elle fait d'une corde à l'autre, tant par tons que par demitons-majeurs.

www.ingramcontent.com/pod-product-compliance
Lightning Source LLC
Chambersburg PA
CBHW070242100426
42743CB00011B/2096